www.herder.de

Gesamtgestaltung: Uwe Stohrer Werbung, Freiburg
Herstellung: Graspo, Zlin
Gedruckt auf umweltfreundlichem, chlorfrei gebleichtem Papier
Printed in the Czech Republic

ISBN 978-3-451-71234-0

DER HEILIGE FRANZISKUS

Erzählt von Anselm Grün

Mit Bildern von Giuliano Ferri

HERDER

FREIBURG · BASEL · WIEN

(...) Heute bin auch ich wie viele Pilger gekommen, um den himmlischen Vater für all das zu preisen, was er einem dieser „Kleinen“, von denen das Evangelium spricht, hat offenbaren wollen: Franziskus, dem Sohn eines reichen Kaufmanns aus Assisi. Die Begegnung mit Jesus brachte ihn dazu, ein gut situiertes, sorgenfreies Leben aufzugeben, um sich mit der „Herrin Armut“ zu vermählen und als wahrer Sohn des Vaters im Himmel zu leben. Diese Wahl des heiligen Franziskus war eine radikale Weise, Christus nachzuahmen, sich mit dem zu „bekleiden“, der reich war und arm wurde, um uns durch seine Armut reich zu machen (vgl. 2 Kor 8,9). Im ganzen Leben des Franziskus sind die Liebe zu den Armen und die Nachahmung des armen Christus zwei untrennbar miteinander verbundene Elemente, die beiden Seiten ein und derselben Medaille.

Was bezeugt uns der heilige Franziskus heute? Was sagt er uns, nicht mit Worten – das ist einfach –, sondern mit dem Leben?

1. Das Erste, was er uns sagt, das Grundlegende, was er uns bezeugt, ist dies: Christsein ist eine lebendige Beziehung zur Person Jesu, ist ein Sich-Bekleiden mit ihm, ein Ihm-ähnlich-Werden.

Wo nimmt der Weg des heiligen Franziskus zu Christus seinen Anfang? Beim Blick des gekreuzigten Jesus. Sich von ihm anschauen lassen in dem Moment, in dem er sein Leben für uns hingibt und uns zu sich zieht. Franziskus hat diese Erfahrung in besonderer Weise in der kleinen Kirche von San Damiano gemacht, als er vor dem Kruzifix betete. (...) Auf diesem Kreuz erscheint Jesus nicht tot, sondern lebend! Das Blut fließt aus den Wunden der Hände, der Füße und der Seite herab, doch dieses Blut drückt Leben aus. Jesus hat die Augen nicht geschlossen, sondern geöffnet, weit offen: ein Blick, der zum Herzen spricht. (...)

Wir wenden uns an dich, heiliger Franziskus, und bitten dich: Lehre uns, vor dem Gekreuzigten zu verweilen, uns von ihm anschauen zu lassen, uns von seiner Liebe vergeben und neu erschaffen zu lassen. (...)
2. Das ist das Zweite, was Franziskus uns bezeugt: Wer Christus nachfolgt, empfängt den wahren Frieden, den nur er uns geben kann und nicht die Welt. (...) Es ist der Friede Christi, der den Weg über die größte Liebe, die des Kreuzes, genommen hat. Es ist der Friede, den der auferstandene Jesus den Jüngern schenkte, als er in ihrer Mitte erschien (vgl. Joh 20,19.20). (...)
Wir wenden uns an dich, heiliger Franziskus, und bitten dich: Lehre uns, „Werkzeuge des Friedens" zu sein, jenes Friedens, der seine Quelle in Gott hat, des Friedens, den Jesus, der Herr, uns gebracht hat.
3. (...) Der Heilige von Assisi bezeugt die Achtung gegenüber allem, was Gott erschaffen hat – und wie Er es erschaffen hat –, ohne mit der Schöpfung zu experimentieren, um sie zu zerstören: ihr helfen, sich zu entwickeln und immer schöner zu werden, immer mehr dem zu entsprechen, wie Gott sie geschaffen hat. Und vor allem bezeugt der heilige Franziskus die umfassende Achtung gegenüber dem Menschen, dass der Mensch berufen ist, den Menschen zu schützen, dass der Mensch im Zentrum der Schöpfung steht, an dem Ort, wo Gott, der Schöpfer, ihn wollte, und nicht Werkzeug der Götzen sei, die wir selber schaffen! (...) Achten wir die Schöpfung, seien wir nicht Werkzeuge der Zerstörung! Achten wir jeden Menschen: Mögen die bewaffneten Konflikte, die die Erde mit Blut durchtränken, aufhören, mögen die Waffen schweigen und überall der Hass der Liebe weichen, die Beleidigung der Vergebung und die Zwietracht der Einheit! (...)
Wir wenden uns an dich, heiliger Franziskus, und bitten dich: Erwirke uns von Gott die Gabe, dass in dieser unserer Welt Harmonie, Frieden und Achtung gegenüber der Schöpfung herrsche! (...)

Predigt des Heiligen Vaters anlässlich seines Besuchs in Assisi, Oktober 2013

Franziskus war der Sohn eines reichen Tuchhändlers, der in der Stadt Assisi in Italien wohnte. Als er jung war, feierte Franziskus mit seinen Freunden oft ausgelassene Feste. Er lebte verschwenderisch, aber er war auch sehr freigiebig. Seine Freunde mussten nichts für die fröhlichen Feste bezahlen, und für Bettler hatte er immer eine Münze übrig.

Doch sein Leben änderte sich, als Franziskus in den Krieg ziehen musste und in Gefangenschaft geriet. Nachdem er aus dem Gefängnis entlassen worden war, war er sehr krank, und es dauerte lange, bis er wieder gesund war. Nun fand er keinen Gefallen mehr an den Festen seiner Freunde. Tief in seinem Herzen spürte er: Ich muss ein neues Leben beginnen.

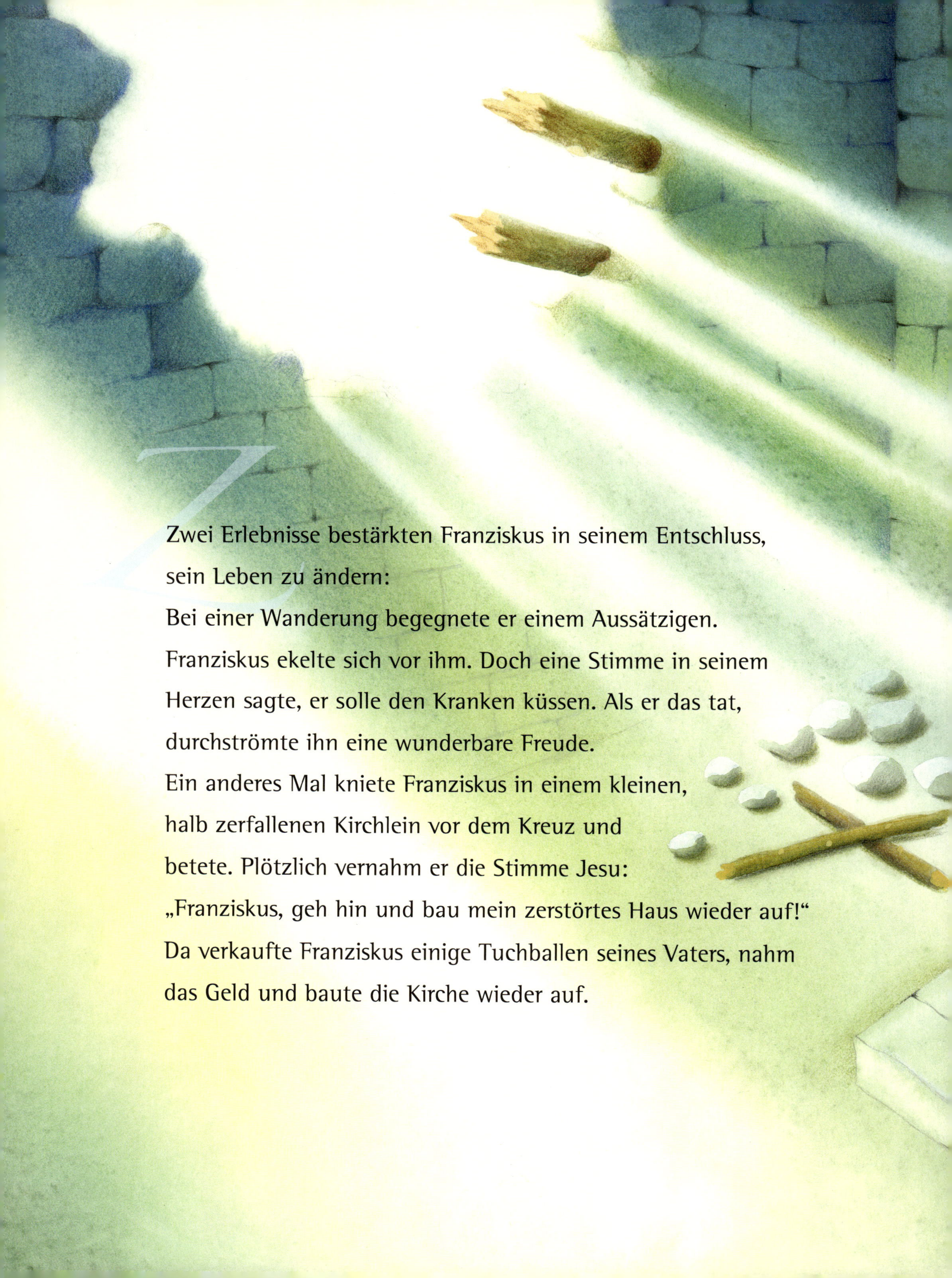

Zwei Erlebnisse bestärkten Franziskus in seinem Entschluss, sein Leben zu ändern:
Bei einer Wanderung begegnete er einem Aussätzigen. Franziskus ekelte sich vor ihm. Doch eine Stimme in seinem Herzen sagte, er solle den Kranken küssen. Als er das tat, durchströmte ihn eine wunderbare Freude.
Ein anderes Mal kniete Franziskus in einem kleinen, halb zerfallenen Kirchlein vor dem Kreuz und betete. Plötzlich vernahm er die Stimme Jesu:
„Franziskus, geh hin und bau mein zerstörtes Haus wieder auf!“
Da verkaufte Franziskus einige Tuchballen seines Vaters, nahm das Geld und baute die Kirche wieder auf.

Franziskus' Vater ärgerte sich sehr über seinen Sohn. Inzwischen spottete die ganze Stadt über Franziskus und seine eigenartigen Ideen. Deshalb sperrte der Vater ihn zu Hause ein und verklagte ihn beim Bischof.
Zur Gerichtsverhandlung kamen viele Leute. Vor den Augen des Bischofs zog Franziskus seine Kleider aus und stellte sich nackt vor die Menschenmenge. Dann sagte er zu seinem Vater: „Bisher nannte ich dich meinen Vater. Aber jetzt gebe ich dir alles zurück, auch die Kleider, die ich von dir habe.
Von nun an will ich nur noch sagen:
Vater im Himmel.“

Franziskus wollte leben wie Jesus. Er verschenkte alles, was er besaß, zog durchs Land und erzählte den einfachen Leuten von Gottes Liebe. Bald schlossen sich Franziskus immer mehr Gefährten an. Er nannte sie seine Brüder. Wie auch er wollten sie keinen Besitz, keine Häuser und kein Geld, sondern sie lebten von dem, was die Leute ihnen gaben. Wenn jemand fragte, warum sie das taten, antwortete Franziskus: „Wenn wir etwas besitzen würden, dann bräuchten wir auch Waffen, um uns zu verteidigen. Das wollen wir nicht.“
Die einfachen Leute liebten Franziskus und seine Brüder und freuten sich immer, wenn sie einen von ihnen trafen.

Einmal sah Franziskus auf seiner Wanderung eine große Schar von Vögeln, die sich auf dem Weg niedergelassen hatte. Er sagte zu ihnen:

„Vögel, ihr meine lieben Geschwister, Gott hat euch den Auftrag gegeben, ihm ständig euer Lob zu singen. Denn er hat euch die Freiheit geschenkt hinzufliegen, wohin immer ihr wollt."

Die Vögel freuten sich über diese Worte. Sie öffneten ihre Schnäbel, breiteten ihre Flügel aus und zwitscherten ein fröhliches Lied.

Da segnete Franziskus die Vögel. Und sie flogen in alle vier Himmelsrichtungen davon, um auf der ganzen Welt von Gottes Schönheit und Größe zu singen.

In der Stadt Gubbio verbreitete ein Wolf Angst und Schrecken. Er verschlang nicht nur Tiere, sondern fiel auch Menschen an. Aus Furcht vor ihm trauten sich die Leute nicht mehr aus der Stadt hinaus.

Franziskus hatte Mitleid mit ihnen und trat dem Wolf entgegen. Der Wolf riss sein Maul auf, um ihn zu verschlingen. Doch Franziskus grüßte ihn freundlich und machte das Kreuzzeichen über ihm. Da legte sich ihm der Wolf sanft wie ein Lamm zu Füßen. Franziskus sagte ihm, dass er niemanden mehr angreifen dürfe. Dafür würden die Leute in der Stadt immer für ihn sorgen. Um zu zeigen, dass er damit einverstanden war, reichte der Wolf Franziskus die Pfote. Dann folgte er ihm ganz friedlich in die Stadt.

Eines Winters hatte Franziskus eine ganz besondere Idee: Er lud alle Leute in der Umgebung ein, am Weihnachtsabend in die Höhle von Greccio zu kommen.

Als es dunkel war, nahmen sie Kerzen und Fackeln und zogen in den Wald. In der Höhle angekommen, erblickten sie eine Krippe mit Stroh, neben der ein Ochse und ein Esel standen. In der Krippe lag ein kleines Kind, das in Windeln gewickelt war. So konnten die Leute mit eigenen Augen sehen, wie es damals in Bethlehem gewesen sein musste.

Gemeinsam mit Franziskus und seinen Brüdern feierten sie die Christmette und sangen fröhliche Lieder. Das war das erste Krippenspiel der Welt.

Ganz besonders liebte Franziskus die Natur.
Er sprach mit den Vögeln, und sie hörten ihm gerne zu. Er freute sich über die Lerchen, wenn sie jubilierend in den Himmel aufstiegen. Wenn er ein Würmchen auf dem Weg fand, hob er es auf und trug es vorsichtig ins Gras, damit es niemand zertrat.
Voller Freude roch Franziskus an den duftenden Blumen und konnte sich kaum sattsehen an ihren leuchtenden Farben. Wenn er durch den Wald, die Felder und Wiesen wanderte, konnte er spüren, dass Gott ihm ganz nah war. Am Ende seines Lebens dichtete er ein wunderbares Lied, den berühmten Sonnengesang:

Gelobt seist du, guter Gott, und alles, was du geschaffen hast.
Gelobt sei Schwester Sonne, denn sie schenkt uns Licht mit ihren Strahlen.
Gelobt seien Bruder Mond und die Sterne, denn sie erhellen die dunkle Nacht.
Gelobt seien Bruder Wind und Schwester Wasser, gepriesen seien Bruder Feuer und Schwester Erde.
Lobt und preist Gott, unseren Herrn!

Eines Tages ging Franziskus auf den Berg La Verna, um in der Einsamkeit zu beten. Da sah er einen Engel mit sechs Flügeln über sich schweben. Der Engel hatte seine Arme ausgebreitet und seine Füße überkreuzt, so als ob er ans Kreuz geschlagen wäre.

Während er den Engel betrachtete, spürte Franziskus, wie seine Hände und Füße anfingen zu bluten. Als er auf sie hinabblickte, sah er, dass er die gleichen Wunden hatte wie Jesus am Kreuz. Von diesem Tag an lebte Franziskus nicht mehr nur wie Jesus, sondern sah ihm auch äußerlich ähnlich.

Sein Leben in Armut hatte Franziskus sehr krank gemacht.
Als er spürte, dass er bald sterben würde, zog er sich nackt aus, legte sich auf den Erdboden und sagte: „Willkommen, mein Bruder Tod.“ Dann stimmte er gemeinsam mit seinen Brüdern den Sonnengesang an. Friedlich und mit einem Lächeln auf dem Gesicht schloss er seine Augen und starb.
Das ist nun achthundert Jahre her. Doch noch immer gibt es viele Männer und Frauen, die nach dem Vorbild des heiligen Franziskus leben und seine Worte in die Welt hinaustragen.